D1722316

Markus Mirwald

Bei Licht besehen

Bei Licht besehen

MARKUS MIRWALD

WESENTLICHES
IN WENIGEN
WORTEN

BAND 2

Bibliografische Informationen

Markus Mirwald: Bei Licht besehen
aus der Serie: Wesentliches in wenigen Worten (Band 2)

Satz und Umschlaggestaltung: DERFRITZ, Wien
Handschrift: Markus Mirwald
Lektorat: Günter A. Furtenbacher
Korrektorat: Angelika Hierzenberger-Gokesch

Verlag: Eigenverlag, Wölbling
Druck: gugler* print, Melk
Bindung: Buchbinderei Papyrus, Wien
Printed in Austria

ISBN Hardcover: 978-3-903212-02-2
ISBN E-Book: 978-3-903212-03-9

Informationen zu weiteren Publikationen des Autors:
www.wesentliches.at

Wesentliches in wenigen Worten

Band 1: Der vielleicht größte Schatz (2017): Aphorismen 1–50
Band 2: Bei Licht besehen (2018): Aphorismen 51–100

Leseproben und Bestellmöglichkeit: www.wesentliches.at

Mit jedem Perspektivenwechsel
geht die Chance einher,
im Vertrauten Neues zu entdecken.

Mit jedem Perspektivenwechsel

geht die Chance einher,

im Vertrauten Neues zu entdecken.

Die Größe eines Menschen erkennen wir daran,
wie er mit Kleinigkeiten umzugehen versteht.

Die Größe eines Menschen erkennen wir daran,
wie er mit Kleinigkeiten umzugehen versteht.

Manch einer verspielt
aus Angst zu verlieren,
die Chance zu gewinnen.

Manch einer verspielt
aus Angst zu verlieren,
die Chance zu gewinnen.

Es genügt, alles Mögliche zu tun,
um scheinbar Unmögliches zu schaffen.

Es genügt, alles Mögliche zu tun,
um scheinbar Unmögliches zu schaffen.

Zu schreiben bedeutet,
der eigenen Perspektive eine Stimme zu verleihen –
und ein persönliches Empfinden
zu einem öffentlichen Bild zu machen.

Zu schreiben bedeutet,
der eigenen Perspektive eine Stimme zu verleihen –
und ein persönliches Empfinden
zu einem öffentlichen Bild zu machen.

*Je tiefgreifender die Verunsicherung ist,
die mit einer neuen Idee einhergeht,
desto größer ist ihr Potential,
unser Leben zu verändern.*

Je tiefgreifender die Verunsicherung ist,

die mit einer neuen Idee einhergeht,

desto größer ist ihr Potenzial,

unser Leben zu verändern.

Wer den Kopf hängen lässt,
hat nicht besonders viel Weitblick.

Wer den Kopf hängen lässt,
hat nicht besonders viel Weitblick.

Was einer Sache den Schrecken nimmt,
lässt sie mitunter auch ihre Faszination verlieren.

Was einer Sache den Schrecken nimmt,

lässt sie mitunter auch ihre Faszination verlieren.

Es ist vergebens,
einen Sinn des Lebens zu suchen –
unsere Menschlichkeit verlangt danach,
diesen zu schaffen.

Es ist vergebens,

einen Sinn des Lebens zu suchen –

unsere Menschlichkeit verlangt danach,

diesen zu schaffen.

Aphorismen sind denkbar kurz:
Kaum haben wir den Anfang begriffen,
sind wir bereits in der Mitte angelangt
und können nur hoffen,
dass uns der Schluss zum Lächeln bringt.

Aphorismen sind denkbar kurz:
Kaum haben wir den Anfang begriffen,
sind wir bereits in der Mitte angelangt
und können nur hoffen,
dass uns der Schluss zum Lächeln bringt.

Kaum etwas liegt uns ferner,
als unsere eigenen Gedanken
aus der Perspektive eines anderen zu betrachten.

Kaum etwas liegt uns ferner,

als unsere eigenen Gedanken

aus der Perspektive eines anderen zu betrachten.

Die einzig erfolgreiche Art,
der Realität zu entrinnen, ist,
diese zu verändern.

Die einzig erfolgreiche Art,
der Realität zu entrinnen, ist,
diese zu verändern.

Wer sich einer Herausforderung entzieht,
bringt sich um jegliche Chance,
die mit dieser einhergeht.

Wer sich einer Herausforderung entzieht,
bringt sich um jegliche Chance,
die mit dieser einhergeht.

Man könnte meinen, das weiße Blatt starrt uns an –
vielmehr aber erstarren wir
angesichts der unzähligen Möglichkeiten,
Linien ins Leere zu zeichnen.

Man könnte meinen, das weiße Blatt starrt uns an –
vielmehr aber erstarren wir
angesichts der unzähligen Möglichkeiten,
Linien ins Leere zu zeichnen.

Es ist uns zu wünschen, dass jede Enttäuschung
von einer gewonnenen Einsicht begleitet wird.

Es ist uns zu wünschen, dass jede Enttäuschung
von einer gewonnenen Einsicht begleitet wird.

Melancholie ist das Vergnügen,
grundlos traurig zu sein,
um der Verlegenheit zu entgehen,
grundlos glücklich zu sein.

Melancholie ist das Vergnügen,

grundlos traurig zu sein,

um der Verlegenheit zu entgehen,

grundlos glücklich zu sein.

Wer nicht bei sich bleibt,
sieht bald mitgenommen aus.

Wer nicht bei sich bleibt,

sieht bald mitgenommen aus.

Begegnungen auf Augenhöhe sind nur möglich,
wenn wir uns weder größer noch kleiner machen,
als wir sind.

Begegnungen auf Augenhöhe sind nur möglich,
wenn wir uns weder größer noch kleiner machen,
als wir sind.

Je mehr wir von uns verstecken,
desto mehr haben wir bereits verloren.

Je mehr wir von uns verstecken,
desto mehr haben wir bereits verloren.

Wenn wir es nicht wagen, unsere Ziele zu hinterfragen,
mögen wir das Glück haben, diese zu erreichen –
und das Pech, erst dann zu begreifen,
dass sie uns nichts mehr bedeuten.

Wenn wir es nicht wagen, unsere Ziele zu hinterfragen,
mögen wir das Glück haben, diese zu erreichen –
und das Pech, erst dann zu begreifen,
dass sie uns nichts mehr bedeuten.

Jedes Versprechen bleibt unvollständig –
und wird durch das Unaussprechliche vervollständigt.

Jedes Versprechen bleibt unvollständig –
und wird durch das Unaussprechliche vervollständigt.

Freiheit erwächst aus der Fähigkeit,
sich selbst zu ändern.

Freiheit erwächst aus der Fähigkeit,
sich selbst zu ändern.

Ein verstimmtes Gemüt
trifft selten den richtigen Ton.

Ein verstimmtes Gemüt

trifft selten den richtigen Ton.

Mit dem Erfolg ist es wie mit dem Glück:
er bleibt jenen verwehrt,
die ihn mit allen Mitteln zu erzwingen versuchen.

Mit dem Erfolg ist es wie mit dem Glück:
er bleibt jenen verwehrt,
die ihn mit allen Mitteln zu erzwingen versuchen.

Nicht der Zwang, sich zu rechtfertigen,
sondern das gegenseitige Interesse
an der Perspektive des Gegenübers
führt zu Verständigung.

Nicht der Zwang, sich zu rechtfertigen,
sondern das gegenseitige Interesse
an der Perspektive des Gegenübers
führt zu Verständigung.

Solange uns das Schwelgen in Träumen
mehr Freude bereitet
als die Arbeit an deren Umsetzung,
verhindern wir deren Verwirklichung zuverlässig.

Solange uns das Schwelgen in Träumen
mehr Freude bereitet
als die Arbeit an deren Umsetzung,
verhindern wir deren Verwirklichung zuverlässig.

77

Wer seine Vergangenheit zu vergessen sucht,
verliert die Chance,
aus ihr für die Zukunft zu lernen.

Wer seine Vergangenheit zu vergessen sucht,
verliert die Chance,
aus ihr für die Zukunft zu lernen.

*Es ist eine Kunst, die Leichtigkeit ernst
und das Ernste mit Leichtigkeit zu nehmen.*

Es ist eine Kunst, die Leichtigkeit ernst

und das Ernste mit Leichtigkeit zu nehmen.

Nichts limitiert unsere Möglichkeiten so sehr
wie unsere Vorbehalte gegenüber Neuem.

Nichts limitiert unsere Möglichkeiten so sehr
wie unsere Vorbehalte gegenüber Neuem.

Wer einer Geschichte ihren Lauf lässt,
wird nicht zu deren Hauptfigur.

Wer einer Geschichte ihren Lauf lässt,
wird nicht zu deren Hauptfigur.

Manchmal benötigen wir einen zweiten Versuch,
um zu begreifen,
dass es uns bereits beim ersten Mal geglückt ist.

Manchmal benötigen wir einen zweiten Versuch,
um zu begreifen,
dass es uns bereits beim ersten Mal geglückt ist.

Erst wenn wir jene Ideen loslassen,
die wir weder umsetzen noch weiterentwickeln,
geben wir neuen den Raum, um zu wachsen.

Erst wenn wir jene Ideen loslassen,
die wir weder umsetzen noch weiterentwickeln,
geben wir neuen den Raum, um zu wachsen.

Unser Erfolg erwächst
aus der Freude an der Entwicklung unserer Fähigkeiten –
und deren konsequenter Anwendung.

Unser Erfolg erwächst
aus der Freude an der Entwicklung unserer Fähigkeiten –
und deren konsequenter Anwendung.

Wenn deutlich wird, dass nichts ist, wie es scheint,
ist alle Mühe vergeblich,
die Augen vor dem zu verschließen, was sichtbar wird.

Wenn deutlich wird, dass nichts ist, wie es scheint,
ist alle Mühe vergeblich,
die Augen vor dem zu verschließen, was sichtbar wird.

Wer sein Leben nicht in die Hand nimmt,
dem entgleitet gleichsam die Chance,
es zu gestalten.

Wer sein Leben nicht in die Hand nimmt,
dem entgleitet gleichsam die Chance,
es zu gestalten.

Zu schreiben verleiht unseren Gedanken eine Form,
die sie Zeit und Raum überwinden lässt –
und in der wir ihnen stets aufs Neue begegnen können.

Zu schreiben verleiht unseren Gedanken eine Form,
die sie Zeit und Raum überwinden lässt –
und in der wir ihnen stets aufs Neue begegnen können.

Die Wertschätzung, die wir erfahren,
erwächst nicht unmittelbar aus unseren Werken –
sondern spiegelt in erster Linie
unsere Beziehungen wider.

Die Wertschätzung, die wir erfahren,
erwächst nicht unmittelbar aus unseren Werken –
sondern spiegelt in erster Linie
unsere Beziehungen wider.

Mit jedem Gefühl,
das wir nicht wahrhaben wollen,
verliert unser Erleben an Tiefe.

Mit jedem Gefühl,
das wir nicht wahrhaben wollen,
verliert unser Erleben an Tiefe.

Erst wenn wir jede Begegnung mit einem Unbekannten
als den möglichen Beginn einer Freundschaft betrachten,
beginnen wir die Fülle unserer Chancen zu begreifen.

Erst wenn wir jede Begegnung mit einem Unbekannten
als den möglichen Beginn einer Freundschaft betrachten,
beginnen wir die Fülle unserer Chancen zu begreifen.

Wer die Herausforderung nicht scheut,
braucht die Veränderung nicht zu fürchten.

Wer die Herausforderung nicht scheut,

braucht die Veränderung nicht zu fürchten.

Bei Licht besehen
sind die meisten nächtlichen Gedanken
das Tagwerk eines Träumers.

Bei Licht besehen

sind die meisten nächtlichen Gedanken

das Tagwerk eines Träumers.

Freunde bestärken uns, unsere besten Seiten zu leben –
und unterstützen uns,
selbst wenn wir uns von der schlechtesten Seite zeigen.

Freunde bestärken uns, unsere besten Seiten zu leben –
und unterstützen uns,
selbst wenn wir uns von der schlechtesten Seite zeigen.

Einblick lässt sich erzwingen –
keinesfalls jedoch Einsicht.

Einblick lässt sich erzwingen –
keinesfalls jedoch Einsicht.

Manch einer findet im Versuch,
allem den Sinn abzusprechen,
einen Sinn.

Manch einer findet im Versuch,

allem den Sinn abzusprechen,

einen Sinn.

Selbstreflexion erfordert Mut –
denn sie könnte mit der Aufforderung verbunden sein,
sich zu ändern.

Selbstreflexion erfordert Mut –
denn sie könnte mit der Aufforderung verbunden sein,
sich zu ändern.

Manch eine Hoffnung gibt uns so viel Auftrieb,
dass wir Gefahr laufen,
den Boden unter den Füßen zu verlieren.

Manch eine Hoffnung gibt uns so viel Auftrieb,

dass wir Gefahr laufen,

den Boden unter den Füßen zu verlieren.

Freiheit bedeutet,
auf alles verzichten zu können,
ohne dass etwas fehlen würde –
und zu sein,
ohne etwas werden zu müssen.

Freiheit bedeutet,
auf alles verzichten zu können,
ohne dass etwas fehlen würde –
und zu sein,
ohne etwas werden zu müssen.

Es ist Mut vonnöten,
um im Bewusstsein unseres Unwissens
Entscheidungen zu fällen.

Es ist Mut vonnöten,

um im Bewusstsein unseres Unwissens

Entscheidungen zu fällen.

Missverständnisse sind Glücksfälle,
wenn wir sie zu deuten wissen.

Missverständnisse sind Glücksfälle,

wenn wir sie zu deuten wissen.

Unser zukünftiger Erfahrungsschatz
speist sich aus jenen Erfahrungen,
die wir heute zu machen wagen.

Unser zukünftiger Erfahrungsschatz
speist sich aus jenen Erfahrungen,
die wir heute zu machen wagen.

ÜBER DEN AUTOR

Markus Mirwald, 1982 in Vorarlberg geboren, ist Autor zahlreicher Aphorismen, die seit 2017 in mehreren Bänden erscheinen.

Er wurde zunächst von Abenteuern in Büchern, schließlich von der weiten Welt angezogen: Nach Reisen durch Europa und Südamerika folgten Aufenthalte in Afrika, im Nahen Osten und ein Jahr in Nordamerika. Angeregt durch diese Erfahrungen begann er, sich mit dem Wesen des Mensch-Seins und des sozialen Miteinanders zu beschäftigen. Dieses Interesse mündete im Studium der Soziologie und dem Aufbau eines Cohousing-Projekts in der Nähe von Wien.

In seinen Texten stellt Markus Mirwald die Frage nach dem Wesentlichen und lässt scheinbar Vertrautes in neuem Licht erscheinen. Seine Einladung zum Perspektivenwechsel geht mit dem Wunsch einher, die Grenzen des Denk- und Machbaren zu verschieben und seine Leserschaft zur Veränderung zu inspirieren. Sein Schreiben folgt dem Gedanken: Verändern wir unseren Alltag, wandelt sich unser ganzes Leben.

Informationen zu weiteren Publikationen des Autors:
www.wesentliches.at

Höchster Standard für Ökoeffektivität. Cradle to Cradle™ zertifizierte Druckprodukte innovated by gugler*. Bindung und Umschlag ausgenommen.

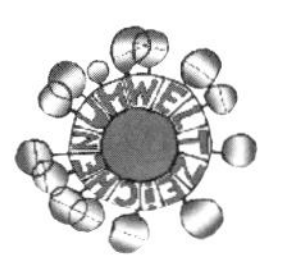

Gedruckt nach der Richtlinie „Druckerzeugnisse" des Österreichischen Umweltzeichens. gugler* print, Melk, UWZ-Nr. 609, www.gugler.at